Rodulfo González

AÑORANZA
Y OTROS POEMAS
ESCOGIDOS

ISLA DE MARGARITA, ESTADO NUEVA ESPARTA,
VENEZUELA,
ENERO DE 2020

Producción

Centro de Investigaciones Culturales
Neoespartanas
(CICUNE)
cicune@gmail.com

cicune.org

Contenido

EL AUTOR

Eladio Rodulfo González, quien firma toda su producción escrita con los dos apellidos, nació en el caserío Marabal, luego convertido en parroquia homónima del Municipio Mariño del Estado Sucre, Venezuela, el 18 de febrero de 1935 y es licenciado en Periodismo, poeta e investigador cultural.

Su obra poética, además del presente libro, está constituida hasta la fecha por los *títulos Mosaicos Líricos, Mis Mejores Poemas en Prosa, Alegría y Tristeza, Prosa Poética Escogida, Guarumal, Brevedades Líricas, La Niña de Marabal, La Niña de El Samán, Poesía Política, Encuentros y Desencuentros, Cien Sonetillos, Ofrenda Lírica a Briceida, Elegía a mi hermana Alcides, A Briceida en Australia, Covacha de Sueños, ¡Cómo dueles, Venezuela!, Entre Sueños, Colorido, Divagaciones, Elevación, Nostalgias, Poemas Disparatados, Primera Antología de Poemas Comentados y Destacados, Segunda*

Antología de Poemas Comentados y Destacados, Tercera Antología de Poemas Comentados y Destacados y Cuarta Antología de Poemas Comentados y Destacados.

A LA LECTORÍA

En este breve libro, que no breviario, cabalgan hermanadas la poesía japonesa occidentalizada, vale decir el haiku y el senryu, que en apenas diecisiete silabas divididas en tres versos sin rima expresa diversos sentimientos; la glosa, el soneto, el madrigal y el poema libre, realengo, que no atiende las estrictas normas de la métrica.

Cabalgan también cómodamente, en su carruaje poético, los recuerdos únicos de la tierra que me vio nacer, Marabal, donde quedó sembrado mi espíritu y que muchas veces visito en sueños, repetitivos, de añoranza, de arrepentimiento por el abandono, de llanto conmovedor.

TIEMPO

Es tiempo de vivir,
de amar, de meditar,
de volver nuestros ojos
hacia viejos paisajes.

2

Es tiempo de crear
un mundo sin fronteras,
ciudadanos sin yugos,
niños con libertad.

3

Es tiempo de pensar
en un mundo sin guerras,
en un mundo sin traumas
de hambre, sed o miedo.

4

Es tiempo de gritar
en el campo, en el río
mil dolientes protestas,
mil ahogantes pesares.

5

Es tiempo de decir
las ocultas verdades,
aunque caigan los ídolos
y los monstruos sagrados.

6

Es tiempo de alejar
del corazón las penas,
de trazar nuevas rutas
y volver a empezar.

7

Es tiempo de lanzar
por los aires un canto,
de trocar por la paz
los letales misiles.

8

Es tiempo de acallar
las voces de dolor,
de quebrar en pedazos
el hacha del verdugo.

Y 9

Es tiempo de sentir
vergüenza, odio y rabia
por la crueldad del sátrapa,
por la guitarra herida.

DESCONOCIDO

Como nadie me conoce.
Como mi popularidad no trasciende
más allá de una legua de distancia.
Como apenas soy conocido por la hormiga,
por la tierra que piso,
por el aire que respiro.
Como quiero que todo el universo me
conozca,
que los habitantes de otros planetas
sepan de mi existencia,
abandoné un día mi covacha
de ser simple y anónimo
y me fui a pregonar mi nombre
en la inmensidad de la tierra,
en lo insondable del mar,
en mundos ignotos.
Como quiero que mi obra
se proyecte en los infinitos milenios,
escribí mi accidentada historia
en el rugoso papel de la arena
de una íngrima y sola playa.

INTERROGACIONES

Estoy cansado
de tanto sufrimiento.
¿Me aliviarías?
Estoy muy triste
por tanta soledad.
¿Me alegrarías?
Me mata el frío,
me consume el calor.
¿Me arrullarás?
La sed agobia
mi humanidad desértica
¿Me darás agua?
Siento hambre atroz
y mi cuerpo enflaquece.
¿Me ofrecerás pan?

OJOS APAGADOS

Al niño Rufo Chacón
un policía criminal
con balines infernales
sus dos ojos apagó.
¡Qué triste está Venezuela!
El mundo está conmovido.
En las montañas andinas
se oyó un grito de impotencia:
¡Cómo se puede atentar
contra un niño que tan sólo
protestaba, con su madre,
por la carencia de gas!
Dios es grande, escribió,
una dama esperanzada,
y pronto verás el cielo
de tu patria escarnecida
por asesinos cobardes,
que a todos los niños quiere,
robar la luz de sus ojos
para que observar no puedan
la destrucción del país
y luchar valientemente
contra tanta iniquidad.
Yo, niño Rufo,
mis ya viejos ojos,
te regalaría
si posible fuera

cicune.org

Para que a Caracas vieras
y sus atrocidades
y contemplaras el rostro
de hiena rabioso
de quien con saña te sumió
en el mundo de las sombras
y la cara de monstruo
de quienes ordenaron
privarte de tus ojos.
Esa siniestra cadena de mando
que contra el pueblo
dispara sus letales armas
para acallar las protestas
por los malos servicios
de salud, gas, agua, electricidad,
carencia de comida y medicina.
Tú volverás, niño Rufo,
a recobrar la luz.
Jesucristo le devolvió la vista
al ciego de nacimiento
con fango húmedo
sobre sus párpados.
Él obrará el milagro
con auxilio de la ciencia médica.
Verás nuevamente las montañas
de tu Táchira andina
y volverás a ser
un niño esperanzado
de lograr tus objetivos

EN LA ACADEMIA
PARA BRINDAR A VENEZUELA
EL FRUTO DE TU ESFUERZO.
ESOS CRIMINALES QUE TE AGREDIERON
SON UNOS MISERABLES,
ENGENDROS DEL DIABLO,
BASURA DE LA HISTORIA,
SERES INHUMANOS
QUE TODOS DESPRECIAN.

GLOSA A LA VIRGEN MARÍA

Para María Beatriz

¡Oh, María, bienhadada!
eres virgen y piadosa.
eres, mujer, milagrosa
de Jesús la madre amada.

Llena de gracia, María,
estás y por lo cual eres
bendita entre las mujeres.
Hay música y armonía
en tu excelsa bonhomía
y en tu belleza sagrada.
Hay piedad en tu mirada.
Eres símbolo de amor
y al náufrago das valor
¡Oh, María, bienhadada!

Soportaste con firmeza
el ver morir en la cruz
a quien al mundo de luz
cubrió con su gran nobleza:
Jesús, sin mostrar flaqueza
ante la muerte horrorosa
al verdugo con honrosa
valentía se enfrentó.
Tu rostro en llanto se hundió.
Eres virgen y piadosa.

Eres madre universal,
misericordia y ternura.
Simbolizas la hermosura
de la mujer ideal.
Eres aura espiritual.
Eres el signo vital
en la pradera frondosa
que disfruta tu gloriosa
llovizna que tú le ofrendas.
en las terribles calendas.
Eres, mujer, milagrosa.

El arcángel San Gabriel
te anunció, Virgen María,
que en tu vientre nacería
el redentor siempre fiel
ala confianza que en Él
por Dios fue depositada
que su palabra sagrada
en la Biblia floreciera.
Eres, María, señera
de Jesús la madre amada.

NAVIDAD

"Con su mensaje de AMOR
el Niño Dios ha nacido,
para el mundo ha florecido
la bendición del Señor".

Pepita Fernández

Nació en humilde portal,
en la bíblica Belén
para difundir el bien
y librar de todo mal
con su verbo sin igual
al humano pecador
y para ser redentor
de la entera humanidad.
Él predicó la verdad
con su mensaje de AMOR.

Tres reyes lo visitaron
para rendirle homenaje
en su pesebre-hospedaje;
Mirra e incienso dejaron
y también oro obsequiaron
al Mesías ya advenido
en luces resplandecido
para cumplir su misión
de amor y de bendición,
el Niño Dios ha nacido.

La Navidad es el día
para abrir el corazón

cicune.org

al cielo de la razón
al alba de la alegría
y al canto de la armonía.
Es un día bendecido
que sus luces han encendido
por Dios para festejar.
Y con música expresar
que el Mesías ha nacido.

Brilla en el cielo la estrella
que a los tres reyes guio
al lugar donde nació
Jesús, en una plebeya.
La Navidad es muy bella
y está vestida de amor,
de belleza y de primor.
El canto del parrandero
clama con verso sincero
la bendición del Señor.

GLOSA AL AMOR

"Quiero un amor sin presión
sin fuerza y mucho deseo
mi cuerpo amante lo veo
pleno en ternura y pasión".

Cecill Scott.

Es el amor medicina
para el alma atormentada,
ara la pena malvada
que con su daga fulmina
al halo de la pasión.
En alas de mi ilusión
sentiré la sensación
de estar contigo en el cielo.
Quiero vivir sin desvelo.
Quiero un amor sin presión.

Del amor quiero su manto
para cubrirme de gloria
y desmayarme de euforia
con su ternura y encanto.
Del ruiseñor es el canto
que quiero en tu jubileo.
De tu cárcel ser el reo
quiero con gran humildad.
Terrible la realidad
sin fuerza y mucho deseo.

No me importa ser de ti,
amor, esclavo irredento,
brizna de paja en el viento
o canto de chirulí.

Es que para amar nací.
Lo digo sin titubeo
porque en mi libro lo leo.
Vida sin amor no es vida
sino una llagante herida,
mi cuerpo amante lo veo.

Es preferible la muerte
a una vida sin amor,
a un jardín sin esa flor
con el perfume que vierte
para que el amor despierte
mirífica sensación.
El amor es la razón
que nos guía al ideal
que alimenta lo real
pleno en ternura y pasión.

GLOSA A LA MUJER

Para Aura Violeta

"Eres compendio mujer
de todo lo que es belleza,
eres amor, fortaleza
y llevas vida en tu ser".

Magui del Mar

Eres, mujer, la más bella
creatividad divina.
Y tu luz nos ilumina
cual desde el cielo la estrella.
Eres amor que destella
y se desvive en querer.
Es sacrificio tu ser.
Es bendita tu bondad.
De la sublime humildad
eres compendio mujer.

Eres todo corazón.
Eres lirio desmayado
en el jardín perfumado
que sucumbe de pasión.
Sentimiento de ilusión
en alegre la tristeza
conviertes con tu nobleza.
Eres gracia natural.
Eres símbolo ideal
de todo lo que es belleza.

Eres dulce compañía
del hombre que de tu amor
se nutre cual chupaflor
del néctar de la ambrosía
que sustrae cada día
de la flor con ligereza
porque es su naturaleza.
Eres la madre abnegada.
Eres bienaventurada,
eres amor, fortaleza.

Tienes ubicua presencia,
donde tu ayuda es precisa.
Del amor eres divisa.
De la vida eres esencia.
Eres, mujer, arte y ciencia,
enciclopedia, saber.
Eres alba, atardecer,
Eres noche, eres lucero,
Eres sencillo venero
y llevas vida en tu ser.

ABRACITOS

Abracitos de niño
copiosos de cariño.

Abracitos del oso
para el amante airoso.

Abracitos de luz
para aliviar mi cruz.

Abracitos de vida
para la bienvenida.

Abracitos de sueño
para dormir risueño.

Abracitos de miel
para la amada fiel.

Abracitos de rosa
para mi niña hermosa.

AMORÍOS

Para Iris,

por nuestra

eterna amistad

"Más vale trocar
Placer por dolores
Que estar sin amores".

Juan del Encina

Prefiero mejor morir
si no he de tener amada
en mis brazos desmayada
de tanto amor y reír.

De tristeza moriría
si en mi vida no tuviera
una mujer que me quiera
y comparta mi alegría,
y escuche en mi compañía
la sonata del vivir
al mi corazón latir
con el tuyo confundido.
Sin ti, amor correspondido,
prefiero mejor morir.

Mi vida sin esperanza
de tener un gran amor
se sumiría en gran dolor
y mi acerada pujanza
perdería la confianza,
en la victoria esperada

cicune.org

que vería, triste, frustrada,
mi conmovida ilusión.
Es terrible una pasión
si no he de tener amada.

La soledad me deprime,
me angustia, me sume en pena,
y a mi memoria la aliena
y a mi corazón oprime
y a toda mi vida imprime
su tortura despiadada.
duele mi carne llagada
y es muy grande el sufrimiento.
Eres puro   sentimiento
en mis brazos desmayada.

Quien del amor no disfruta
pierde parte de su ser.
y quien no puede comer
de la planta que da fruta
s su corazón enluta
y jamás podrá sentir
el gemido y el latir
de la graciosa doncella
que deja profunda huella
de tanto amor y reír.

SUFRIMIENTO

Para Lucelys

No quiero verte sufrir
por mis penas, niña mía,
manantial de mi alegría,
aurora de mi vivir.

Solo quiero compartir,
contigo, casta hermosura,
de la vida su dulzura.
No quiero verte sufrir.

Sumérgete en la armonía
del adiós crepuscular.
Y no vayas a llorar
por mis penas, niña mía.

En mi jardín, flor de un día,
no serás, sino al contrario,
un jacinto milenario,
manantial de mi alegría.

No podría resistir
tu sufrimiento, amor mío,
agua dulce de mi río,
Aurora de mi vivir.

cicune.org

PAZ

No quiero guerra, sino paz
en todos los confines de este mundo
con fuerza duradera, no fugaz.
Lo digo con fervor profundo.

Quiero genuina democracia
que pueda desterrar toda violencia.
Quiero que reine la eficacia
que evite de la guerra su presencia.

Quiero tranquilidad, no los tambores
horripilantes de la guerra
que mata al ser humano, que amedrenta.

No quiero padecer los sinsabores
de la tanqueta que destierra
toda huella de paz y atormenta.

ABANDONADOS

No tienen techo ni comida.
¡Pobrecitos! Niños abandonados
que bregan solos en la vida
por ser de la fortuna desplazados.

Visten harapos, piden pan,
andan solos o en grupos pandilleros,
y expuestos al peligro están
de maltratos por agentes severos.

Por esas calles peligrosas
deambulan estas víctimas del mal
de una sociedad inclemente.

La caridad de almas piadosas
imploran. Pero el destino fatal
los lleva a vidas crueles, borrascosas.

AMOR 2

Amor de azulosa nube,
amor de límpido traje,
quiero estar en tu carruaje
para hablar con el querube

Que del cielo baja y sube
envuelto en pálido encaje
como purpúreo celaje.
que en mi aspiro que incube

La música su armonía,
su múltiple vida el río
y su esplendor la pradera.

Quiero sentir alegría
en tu espíritu y en el mío
en otoño y primavera.

AÑORANZA

Marabal de mis amores
¡Qué lejos estás de mí!
entre tus montañas vi
bellezas multicolores.

En mis sueños siempre estás
y en mis triunfos y derrotas.
Mis sandalias están rotas
de mucho camino andar;
yo no quise desmayar
sobre la alfombra de flores
mis tristezas y dolores
en mi empeño de llegar
hasta la cumbre y gritar:
¡Marabal de mis amores!

Tanta belleza, Dios mío,
se esconde en Agua Caliente.
Es musical la vertiente
de su prodigioso río.
La calidez y su frío
sobre mi cuerpo sentí
las veces que me metí
en tu agua sulfurada.
¡Ay mi tierra tan amada!
¡Qué lejos estás de mí!

¡Ay, Marabal!, quién pudiera
otra vez en tus paisajes
envolver con sus encajes
mi vida sin primavera
apoltronada en la vera
de un camino carmesí
que angustiado recorrí
sin lograr lo que quería.
La belleza y la armonía
entre tus montañas vi.

El canto del cristofué
al borde de la ribera
¡Cómo sentirlo quisiera
cuando mi tristeza esté
sumergida en santa fe!
Mis penas y sinsabores
desaparecen con flores
en bálsamo convertidas.
En el cielo están prendidas
bellezas multicolores.

LLANERA

Llanera, llanera mía,
De primaveral encanto
La paraulata su canto
Te regala cada día

Para ofrendarte alegría
Con el olor del mastranto
En tu llano sacrosanto
Catedral de la harmonía

Entre aves, río y sabana
Y el sol que brilla en el cielo
Y la luna que en la noche,

Niña, tu cuerpo engalana
Envolviéndote en un velo
Que de plata hace derroche.

IMAGINACIÓN

Sentada estás a la vera del río
gozando silenciosa
del glamoroso y fascinante estío
¡Oh imagen radiosa!
que a mi rica imaginación invita
a darte, niña bella,
una dalia   y una blanca margarita
para que cual estrella
mi barca apresurada
deje en la mar su carga de fulgor
silente, imaginada,
envuelta en el oleaje de tu amor.

CAMINAR

"Caminante no hay camino,
se hace camino al andar".
Antonio Machado

De brújula carezco y cada día
camino y siempre llego
al lóbrego lugar del cual huía
para inhalar sosiego

Que a la angustia de mi vida emancipe
del yugo torturante
para que así gozosa participe
de la aurora fragante

Que despierta del tálamo sagrado
a quien está dormido.
De cansancio se cae desmayado
mi espíritu rendido.

GOLONDRINA

¡Oh golondrina!
no detengas tu vuelo
tan misterioso.

TRUENO

El tenue rayo
anuncia con su luz:
¡Ya llega el trueno!

NINFA

Cual escultor
tallé en la dura roca
mítica ninfa.

GRATITUDES

Gracias al Sol
por la luz fascinante
que me regala.

Gracias, ¡oh! río,
por librar a mi   cuerpo
De suciedad.

Agua Caliente:
siempre he de agradecerte
u sanidad.

Flor del camino:
Por tu silvestre aroma
Te gratifico.

ALFOMBRA

Alfombra mágica
de Las mil y una noches
donde viajé

a tantos mundos
con la imaginación
de mi inocencia.

¡Cuánto gocé,
viajero sin descanso
de la irrealidad.

SIMBAD

Viajé contigo,
Simbad, audaz marino,
de polizón.
Era muy niño.
por la inocencia lleno
de fantasías.
Nunca me viste.
escondido en tu nave.
Fui marinero.
¡Maravilloso!
conocí las bondades
de ignotos pueblos.
Dulce aventura
que enriqueció mi vida
de campesino.
¡Cuánto te añoro,
compañero infantil
que me olvidó!

¿VOLVERÉ?

¿Volveré a verte,
casa natal, ya en ruinas,
antes que muera?

¿Volveré a verte,
querido Marabal,
Antes que muera?

¿Volveré a verte,
Agua Caliente mía,
antes que muera?

¿Volveré a verte,
Cristofué cantarín,
Antes que muera?

¿Volveré a verte,
paisaje de mi infancia,
antes que muera?

¿Volveré a verte,
¡Oh cerro Rico Pobre!
antes que muera?

¿Volveré a verte,
cementerio de Irapa,
antes que muera?

¿Volveré a verte
grata Hacienda Ramírez,
antes que muera?

GOTAS

Gotas de amor
para alegrar al alma
Entristecida.

Gotas de lluvia
para limpiar las huellas
De la impureza.

Gotas de vino
para calmar las penas
de la ansiedad.

Gotas de almizcle
para que huelas, mujer,
a única esencia.

Gotas de nieve
para anunciar al mundo:
¡Llegó el invierno!

AÑOS

Los años ya
han curtido mi piel,
la han arrugado.

No son veloces
sino lentas mis piernas.
Y están cansadas.

Milenios ha
mis labios te besaban
y tú los míos

con gran pasión.
amantes insaciables.
dueños del tiempo.

Pero los años,
ineluctablemente,
han mitigado

el recio fuego
de la sensualidad
envuelta en sueños.

¡Ay!, si pudiera,
como en una película,
parar el paso

¡Oh!, de los años
en la escena precisa
de nuestra vida.

SIERVO

Eres sumiso
al déspota señor
que te maltrata.

Si te rebelas,
quitarás las cadenas
que te envilecen.

Recobra ya
la libertad perdida.
¡Naciste libre!

CIERVO

Eres veloz
como liebre, cual rayo
en la tormenta.

La libertad
es tu naturaleza
y la defiendes.

¡Cuánto te admiro!
Tu libertad defiendes
con valor fiero.

CIMA

De amor alados
volamos a la cima
de la montaña.

Y proclamamos:
¡Somos amos del mundo
y nuestros sueños!

SIMA

¡Cuán confortable
me sentí en el abismo
de tu regazo!

Me creí niño
y gocé tus caricias
arrulladoras.

¡Oh, sima tuya,
de sublimes sorpresas
de amor y vida!

ENCUENTROS

Te encontraré
a la orilla del río
ensimismada

en su cristal.
De porte realengo
y cautivante.

Me encontrarás
en el rural paisaje,
lleno de ti

en cada pálpito
de la naturaleza
y de tu vida.

Sí, primavera.
Símbolo de mujer.
Romanticismo.

Olor a lluvia.
Neblina desmayada.
Lágrima verso.

VEDA

Sabiduría
en milenios inmersa.
Conocimiento

en simples himnos
que a meditar invitan.
Rig-veda eterno.

El sacrificio
con textos láyur-veda.
Serenidad.

¡Oh sama-veda!
tus cánticos sagrados
sanan el alma.

Átharva-veda
ritualistica fuente
De santidad.

BEDA

Fuiste admirable
¡Oh, San Beda bendito,
humilde sabio!

Doctor divino
por la gracia de Dios.
Rayo de luz

contra las sombras
Que obnubilan al mundo
y lo enceguece.

Consolador
de consternadas almas
enfebrecidas.

Eres San Beda,
católico patriarca,
de bondad lleno.

RUMORES

Rumor de cumbia,
excitante, festivo,
danza con velas.

Ritual entrega
al licor de los dioses.
Deleite pleno.

Rumor de lluvia
regalo de las nubes
alegres lágrimas.

Rumor de música
de bulliciosas aves
sobre los árboles.

Rumor de llanto.
¿Es el sauce llorón
o Jeremías?

ENTRISTECIDO

LA MILENARIA
TRISTEZA QUE CARCOME
CADA PORCIÓN
DE MI EXISTENCIA
SIN HORIZONTE FIJO,
SIN UNA BRÚJULA
PARA ORIENTARME
EN EL MAR AGITADO,
EN EL CAMINO
DE ZARZAS LLENO,
DE MURALLAS AGRESTES,
DE HUECOS HOSTILES.
DE VEZ EN CUANDO
¡OH NIÑA TAN DISTANTE
EN TIEMPO Y ESPACIO!

DESAPARECE
PARA DARLE CABIDA,
SI, SUEÑO MÍO,

A TU ALEGRÍA,
PRÍSTINA, CELESTIAL,
ALENTADORA.

¿POR QUÉ TE VAS?
ALEJA PARA SIEMPRE
TANTA TRISTEZA

QUE ME ENAJENA
QUE ME TORNA INSEGURO.
QUE ME AMORTAJA.

OLIVER

A Oliver Sánchez,
el pequeño paciente,
no lo mató

el cáncer. No,
lo privó de su vida,
frágil retoño

marchito ya,
la criminal desidia
hedionda de azufre

del dictador
Herodes redivivo,
Satán inmundo.

No fue la carne
de esta víctima herida
por la fuerza

del feroz guardia
cuando manifestó:
"Quiero curarme".

"Quiero la paz".
El gobierno insensible
no lo curó.

Y forma ahora

EL CORO ANGELICAL
EN EL CELESTE

PRADO DE DIOS
CON INOCENTES VÍCTIMAS
DE VENEZUELA.

DALE, SEÑOR,
LA PAZ Y LA SALUD
ESPIRITUAL

A OLIVER, VÍCTIMA
ENÉSIMA DEL RÉGIMEN
DE UN TAL MADURO.

CEIBICIDIO

LA CENTENARIA
CEIBA DE MARABAL
FUE ASESINADA.

NO FUE DE PIE
SU MUERTE, POBRECITA,
SINO HUMILLANTE.

LA LETAL SIERRA
CON RAPIDEZ ELÉCTRICA
SEGÓ SU VIDA.

PERO LA CEIBA
SEMBRÓ EN MI CORAZÓN,
SIEMPRE DE NIÑO,

UNA SEMILLA
QUE SE VOLVIÓ POESÍA
IMPERECEDERA

QUE LA CRUELDAD
DE SIERRAS CEIBICIDAS
NO TUMBARÁN.

EXTRAVÍOS

Mis extravíos
duermen en tu silencio
con placidez.

Ando perdido
en la selva de tu amor.
¡No tengo brújula!

Y silencioso
disfruto del cricrí
de un loco grillo.

Salir no quiero
de tu tupida selva
tan armoniosa.

Tan atractiva.
De misterio encantada.
En magia envuelta.

Selva bendita.
Cómplice necesaria
de mi locura.